Directeurs de collection :

Laure Mistral
Philippe Godard

Dans la même collection :

Philippe GODARD - Shubha, Jyoti et Bhagat vivent en Inde
Claire VEILLÈRES - Ikram, Amina et Fouad vivent en Algérie
Pascal PILON et Elisabeth THOMAS - Meihua, Shuilin et Dui vivent en Chine
Claire VEILLÈRES - Anna, Kevin et Nomzipo vivent en Afrique du Sud
Alexandre MESSAGER - Aoki, Hayo et Kenji vivent au Japon
Alexandre MESSAGER - Ahmed, Dewi et Wayan vivent en Indonésie
Laure MISTRAL - Rachel vit à Jérusalem, Nasser à Bethléem
Maïa WERTH - Sacha, Andreï et Turar vivent en Russie
Michèle ANOUILH - Sultana, Leila et Everett vivent aux États-Unis
Armand ERCHADI et Roman Hossein KHONSARI - Darya, Reza et Kouros vivent en Iran
Emilie GASC-MILESI - Kathryn, Sébastien et Virginie vivent au Canada
Bilguissa DIALLO - N'Deye, Oury et Jean-Pierre vivent au Sénégal
François-Xavier FRELAND - João, Flavia et Marcos vivent au Brésil
Philippe GODARD - Rigoberta, Juan et Marta vivent au Guatemala
KOCHKA - Jumana, Omar et Alia vivent au Liban
Annie LANGLOIS - Tinnkiri, Lachlan et Liang vivent en Australie
Dorine LELEU - Aina, Lalatiana et Alisoa vivent à Madagascar

Connectez-vous sur : www.lamartinierejeunesse.fr

Conception graphique : Elisabeth Ferté
Réalisation : Hasni Alamat

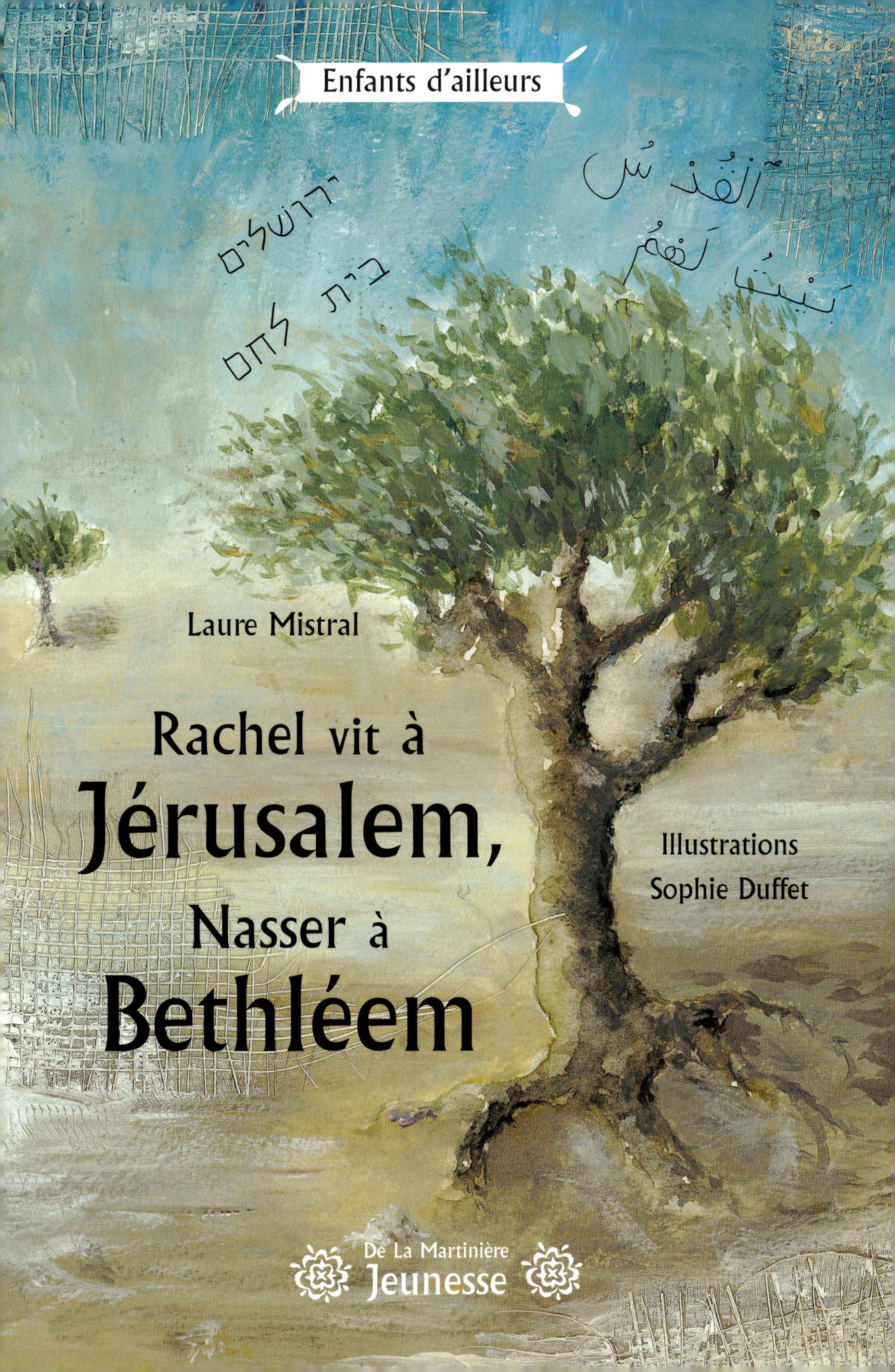

Enfants d'ailleurs

Laure Mistral

Rachel vit à Jérusalem, Nasser à Bethléem

Illustrations
Sophie Duffet

De La Martinière
Jeunesse

LIBAN
SYRIE
Haifa
Tibériade
Nazareth
Jénine
MER MÉDITERRANÉE
Naplouse
JOURDAIN
Tel Aviv
CISJORDANIE
Jérusalem
Bethléem
Hebron
MER MORTE
Gaza
AUTORITÉ PALESTINIENNE
ISRAËL
JORDANIE
ÉGYPTE
Eilat

Voici l'État d'Israël !

L'État d'Israël est né en 1948 ; c'est une démocratie parlementaire. Un Premier ministre donne l'orientation politique du pays.

Superficie : 20 325 km^2

Population : 6,9 millions d'habitants, dont 1,3 million de Palestiniens

Religions : 80 % de juifs, 15,2 % de musulmans, 3 % de chrétiens, 1,8 % de druzes et autres

Langues officielles : l'hébreu et l'arabe

Capitale : Jérusalem (680 000 habitants, dont 30 % de Palestiniens)

Principales villes : Tel Aviv, Haïfa, Nazareth, Eilat, Tibériade

Le climat est méditerranéen, avec des variations importantes dues à l'altitude.

Israël fait partie des 25 pays les plus riches de la planète, mais 10 % de la population active est au chômage.

Voici l'Autorité palestinienne !

L'« Autorité palestinienne » est née en 1994 ; elle constitue une étape avant la création d'un véritable État palestinien sur les territoires de Gaza et de Cisjordanie. L'Autorité revendique aussi la partie est de Jérusalem, à majorité palestinienne. Elle a le pouvoir en matière d'éducation et de santé, et dispose d'une police. Pourtant, même si les Palestiniens des Territoires élisent un président, des députés et des maires, l'Autorité est en fait sous contrôle militaire israélien.

Superficie : 5 820 km^2 (Cisjordanie) et 365 km^2 (Gaza)

Population : 3,2 millions d'habitants (dont 200 000 colons juifs vivant dans les Territoires palestiniens)

Religions : 81 % de musulmans, 16 % de juifs (les colons), 3 % de chrétiens et autres

Siège : Ramallah

Principales villes : Gaza, Jénine, Naplouse, Bethléem, Hébron

Langue officielle : l'arabe

L'agriculture occupe une place importante (notamment celle de l'olivier). Depuis 1994, la construction et les services (commerces, banques, etc.) ont connu une forte expansion. Mais 10 % des femmes et moins de la moitié des hommes seulement ont un travail.

Une très longue histoire

Le pays qui correspond aujourd'hui à Israël et aux Territoires palestiniens est tout petit : 26 000 km^2, soit à peine plus grand que la Bretagne ! Mais c'est un lieu de passage stratégique entre l'Europe et l'Orient, qui a été convoité et occupé par de nombreux peuples. Aujourd'hui encore, les difficultés que connaît cette région sont liées à un conflit territorial.

Bordé à l'ouest par la Méditerranée, le pays est limité à l'est par un fleuve, le Jourdain. Il partage ses frontières avec des pays arabes : l'Égypte au sud-est ; la Jordanie et la Syrie à l'est ; le Liban au nord.

L'État d'Israël est composé de Juifs venus de différents pays du monde. Il s'est édifié sur une région, la Palestine, où vivait un peuple arabe, les Palestiniens. En 1948, au moment de la création de l'État d'Israël, 800 000 Palestiniens (sur 1 400 000) ont été chassés de chez eux. Les descendants de ceux qui ont pu rester vivent soit sur le territoire d'Israël (on les appelle « Arabes israéliens » lorsqu'ils ont la nationalité israélienne), soit dans les Territoires palestiniens : à l'est, la Cisjordanie (le long du royaume de Jordanie) et, à l'ouest, la « bande de Gaza », une petite bande de terre longue de 45 kilomètres et large de 6 à 10 kilomètres, qui longe la Méditerranée.

Les Juifs d'Israël

Israël est parfois appelé l'État « hébreu », du nom donné autrefois au peuple juif. Selon les récits de la Bible, en effet, Dieu aurait promis cette terre aux Hébreux, en leur assurant la victoire sur les Cananéens, il y a plus de quatre mille ans. Au Xe siècle avant notre ère, le roi Salomon aurait réuni les douze tribus juives en un seul royaume allant de la Méditerranée au Jourdain. Mais ses fils ont affaibli le royaume en le divisant (Israël au nord et Juda au sud).

À partir du VIIIe siècle avant J.-C., les Juifs ont vécu le plus souvent sous la domination d'autres peuples, comme les Assyriens, les Babyloniens, les Perses et enfin les Romains. Après la destruction de leur Temple par les Romains en 70 puis l'écrasement de la révolte juive de 132 à 135, la grande majorité des Juifs est partie en exil. C'est ce qu'on appelle la « diaspora », un mot grec signifiant « dispersion ».

Le peuple palestinien

Le terme « Palestiniens » désigne un peuple, et non les citoyens d'un État, puisque celui-ci n'existe pas encore. Le peuple palestinien a vécu pendant des siècles sur le territoire qui correspond aujourd'hui à l'État d'Israël et aux Territoires palestiniens. Chrétienne sous l'Empire byzantin (IVe-VIe siècle), la Palestine, envahie par les Arabes au VIIe siècle, a été convertie à l'islam. Se sentant les gardiens des lieux saints musulmans qui se trouvent en Palestine, les Palestiniens ont été très fortement marqués par les croisades (XIIe et XIIIe siècles), ces grandes invasions chrétiennes d'Europe au Moyen-Orient.

Malgré la longue occupation des mercenaires turcs, les Mamelouks (1291-1516), puis de l'Empire ottoman (1517-1917), les Palestiniens ont développé une culture originale, à la fois rurale et citadine. La création de l'État d'Israël a fragilisé leur culture tout en renforçant leur identité : quand un peuple se sent menacé, il donne plus de valeur et de force à ce qui fait sa particularité.

La diaspora juive

Pourquoi les Juifs ont-ils décidé de revenir en Palestine près de dix-huit siècles après l'avoir quittée ? Depuis la diaspora, ils n'avaient plus de pays. Dispersés dans le monde entier, ils étaient souvent méprisés ou opprimés. Une très petite minorité était déjà revenue vivre en Palestine pour fuir ces persécutions.

En Europe, au XIXe siècle, l'antisémitisme (l'hostilité ou la haine contre les Juifs) a pris une ampleur nouvelle. C'est aussi à cette époque que s'est affirmée l'idée que les peuples devaient décider eux-mêmes de leur destin. L'espoir de créer un État où ils pourraient vivre dignement a ainsi gagné de nombreux Juifs d'Europe. Ce mouvement, non religieux, s'appelle le « sionisme », du nom de « Sion », donné à Jérusalem dans la Bible.

Considérant la Palestine comme la terre de leurs ancêtres, des Juifs d'Europe et des États-Unis ont commencé, dans les années 1880, à acheter des terres en Palestine pour s'y installer. Le territoire faisait alors partie de l'Empire ottoman, qui était sur son déclin et a disparu après la Première Guerre mondiale ; dès 1917, les villes de Jaffa et de Jérusalem sont tombées aux mains des Britanniques, qui sont devenus les maîtres dans la région.

La naissance de l'État d'Israël

La Seconde Guerre mondiale a constitué un moment décisif. L'Allemagne nazie a développé l'antisémitisme à un degré d'inhumanité jamais atteint jusque-là : des millions de Juifs vivant en Europe ont été envoyés dans des camps de concentration ou d'extermination, et six millions d'entre eux y ont trouvé la mort. Après la guerre, quand les gouvernements occidentaux ont découvert l'ampleur de ce massacre, ils ont décidé de donner aux Juifs les moyens de créer un État. Cet État devait s'installer sur une moitié de la Palestine.

Le 29 novembre 1947, l'Organisation des nations unies (ONU) a voté un «plan de partage» qui laissait l'autre moitié de la Palestine aux Palestiniens et faisait de Jérusalem une zone internationale. Les Palestiniens eux-mêmes n'ont pas été consultés. L'État d'Israël a été proclamé le 14 mai 1948 et les pays arabes voisins l'ont attaqué aussitôt. Ils n'ont pas vaincu l'État d'Israël, mais se sont approprié les territoires que l'ONU avait laissés aux Palestiniens (plus la partie est de Jérusalem) : la Cisjordanie est revenue au royaume de Jordanie, et la bande de Gaza à l'Égypte. La partie ouest de Jérusalem a été annexée par Israël. En 1967, au cours de la guerre dite des « Six Jours », les pays arabes ont perdu Jérusalem-Est, la Cisjordanie et Gaza au profit d'Israël. La résistance palestinienne à l'occupation des Territoires a cependant obligé Israël à conclure des accords en 1993 (les accords d'Oslo), qui prévoyaient des négociations rapides sur la création d'un État palestinien, sur le retrait des forces israéliennes de Cisjordanie et de Gaza, mais aussi sur le statut de Jérusalem et sur la question du retour des réfugiés (les Palestiniens chassés de chez eux en 1948 et 1967). Mais ces accords et les suivants n'ont pas encore été appliqués.

Après la création de l'État d'Israël, les Palestiniens voulaient récupérer l'intégralité du territoire perdu en 1948. Mais, après soixante années de guerre et d'occupation, ils ont réduit leurs exigences et souhaitent désormais un État souverain à Jérusalem-Est, en Cisjordanie et à Gaza. Une partie des Israéliens approuve la création d'un État palestinien, mais à des conditions qui ne satisfont pas les Palestiniens.

*Le 14 mai 1948,
le drapeau israélien est hissé
alors que le nouvel État est proclamé.*

Rachel et Nasser nous invitent dans leur pays

Au côté de deux enfants, découvrons Israël et les Territoires palestiniens.

Rachel est une Israélienne de onze ans qui vit à Jérusalem. Elle prépare la fête de Soukkot avec ses parents et reçoit la visite de son amie Nava, de Tel Aviv. Avec la mère de Rachel, les deux filles déambulent dans les rues de la Vieille Ville, où se côtoient les monuments et les vestiges des trois grandes religions monothéistes.

Nasser est palestinien. Il a treize ans et vit dans un camp de réfugiés près de Bethléem, comme le reste de sa famille, chassée de son village en 1948 par l'armée israélienne. Depuis 2002, la construction d'un « mur de sécurité » par le gouvernement israélien rend la vie du camp particulièrement difficile.

Rachel vit à Jérusalem

Rachel vit avec ses parents et sa grande sœur Avital dans une petite rue de la « colonie allemande », un quartier créé vers 1860 par quelques chrétiens allemands, dans le sud-ouest de Jérusalem. Derrière les arbres qui bordent la clôture, on distingue à peine la maison familiale. Rachel a onze ans. Comme sa mère, elle aime le jardin en désordre, qu'elle ensemence et soigne selon l'inspiration du moment. Elle aime aussi jouer du violoncelle dans le calme de sa chambre. Rachel est blonde, comme ses parents, d'origine polonaise. Ses grands-parents maternels, qui ont survécu aux camps de concentration, sont arrivés en Israël en 1948.

Ce matin, elle est toute gaie : elle n'a pas école, et son amie Nava, qu'elle n'a pas vue depuis trois mois, est arrivée la veille dans sa famille pour passer les fêtes du mois d'octobre. Nava habite depuis quelques années à Tel Aviv, la ville la plus importante d'Israël après Jérusalem. Les grands-parents de Nava, eux, ont quitté le Maroc dans les années 1950. Comme beaucoup de Juifs d'Afrique du Nord, ils ont fui un environnement qui leur était de plus en plus hostile après la création de l'État d'Israël. Nava est brune, avec une peau mate ; elle est très extravertie, alors que Rachel est plutôt timide. Souvent, Nava s'amuse des expressions en yiddish (la langue que parlaient les Juifs dans l'Est de l'Europe) que laisse échapper le père de Rachel.

Il y a en Israël une langue commune, l'hébreu, devenue langue officielle de l'État. L'hébreu est la langue dans laquelle a été écrite la Bible juive. Mais, au cours des siècles, cette langue s'est limitée à un usage religieux. Selon les régions dans lesquelles ils

habitaient, les Juifs ont peu à peu élaboré une langue mêlant la langue locale avec des tournures et un vocabulaire hébraïques : par exemple le ladino en Grèce, en Turquie ou dans les Balkans, ou le yiddish en Europe de l'Est. À la fin du XIXe siècle, des linguistes juifs modernisèrent l'hébreu biblique pour en faire la langue du futur État juif. Aujourd'hui, l'apprentissage de l'hébreu moderne est obligatoire en Israël.

Un peuple composite

Tous les Juifs du monde ne vivent pas en Israël.

On fait d'ailleurs la différence entre le terme « Israélien » (citoyen d'Israël), et le terme « Juif ». Tous les Juifs ne sont pas israéliens, et tous les Israéliens ne sont pas juifs (même s'ils représentent 80 % d'entre eux), car il y a des Israéliens musulmans ou chrétiens. Pourquoi est-ce si compliqué ? Parce que le mot « juif » peut désigner aussi bien une appartenance religieuse qu'un peuple, et le mot « Israélien » désigne uniquement un citoyen de l'État d'Israël.

En juin 1946, des survivants juifs des camps de concentration arrivent à Haïfa.

Depuis 1948, Israël a accueilli des Juifs provenant de cent deux pays différents : Juifs d'Europe, d'Amérique, Juifs éthiopiens (les fallachas), Juifs arabes... Depuis les années 1990, ce sont les Juifs russes qui ont émigré en masse en Israël : ils sont aujourd'hui 1 million, sur les 6,9 millions que compte la population israélienne.

Malgré leurs lointains ancêtres communs, ces personnes issues de régions très diverses n'ont pas le même mode de vie. Certains Juifs sont très religieux, d'autres pas du tout. Ils sont cependant attachés à une mémoire commune liée à l'exil. Durant la diaspora, les Juifs ont constitué une minorité, souvent opprimée, dans les pays où ils vivaient, ce qui a renforcé leur identité. Israël représente pour eux un pays où ils sont enfin majoritaires et dont la Bible raconte le passé prestigieux. Enfin, la conviction de devoir défendre leur pays contre la menace des États arabes voisins unit une grande partie des Israéliens.

Toutefois, tous les Juifs du monde ne souhaitent pas vivre en Israël : soit parce qu'ils se sentent d'abord et avant tout citoyens des pays qu'ils habitent, soit parce qu'ils ne sont pas d'accord avec la politique de l'État d'Israël, notamment à l'égard des Palestiniens.

Octobre, un mois de fêtes

Rachel est une lève-tôt. De temps en temps, elle jette un regard impatient dans la chambre où Nava dort encore. N'y tenant plus, elle finit par réveiller son amie : il faut aller fêter Soukkot dans la Vieille Ville !

Soukkot est la fête des tentes, que dressèrent les Hébreux dans le désert après avoir fui l'Égypte, où ils vivaient en esclavage. Cet épisode, que l'on situe vers le XIIIe siècle avant J.-C., est raconté dans la Torah (les cinq premiers livres de la Bible).

Dehors, sur les balcons, dans les rues et sur les places, on a dressé de grandes tentes, dans lesquelles les Juifs pratiquants prendront leurs repas durant la fête. Comme Soukkot correspond aussi au moment des récoltes d'automne, c'est une fête de la fécondité. Rachel a rassemblé des branches de quatre espèces différentes : le *boulav* (branche de palmier), l'*étrog* (cédrat), les *hadassim* (trois brindilles de myrte) et les *aravot* (deux branches de saule). Tous les matins, on agite ces branches à différents moments de l'office célébré pendant la fête. De la fenêtre, Rachel guette la pluie que tout le monde attend : s'il pleut au moment de Soukkot, notamment le huitième jour de la fête, qui en compte neuf, c'est un signe de fertilité.

Octobre est en Israël un mois de fêtes religieuses importantes : Rosh Hashana, le Nouvel An juif, mais aussi Yom Kippour, le « jour du pardon », qui est le jour le plus saint et le plus solennel du calendrier juif, où l'on doit jeûner et faire pénitence pour toutes les fautes qu'on a commises, et obtenir ainsi le pardon de Dieu.
Dans la famille de Rachel, on célèbre ces fêtes plus par tradition que par conviction religieuse. C'est l'occasion de réunir des proches, d'évoquer l'histoire de tout un peuple. Et puis, en Israël, il est difficile de ne pas

vivre au rythme des fêtes, qui interfèrent beaucoup dans la vie de tous les jours. Ainsi, pendant le shabbat (le jour de repos, selon la tradition juive, du vendredi soir au samedi soir), toutes les administrations sont fermés, et les transports publics ne fonctionnent plus. À Jérusalem, tous les magasins et les restaurants juifs sont fermés. Le jour de Yom Kippour, même la télé et la radio se taisent, et aucun véhicule n'a le droit de circuler, sous peine d'amende, à part la police ou les ambulances.

Deux planètes à une demi-heure de bus

Il faut à peine un quart d'heure de marche pour descendre de la colline où se trouve la colonie allemande et accéder au mont Moriah.

Les deux filles, guidées par la mère de Rachel, pénètrent dans la Vieille Ville par la porte de Sion, l'une des huit portes perçant les remparts de Soliman. Nava est à la traîne. Tout en se faufilant au milieu de la foule qui vient célébrer Soukkot, elle ne veut rien perdre de ce qui l'entoure. Elle est ravie comme si elle faisait un voyage dans le temps. Bien que distante de seulement 60 kilomètres, Jérusalem offre en effet un contraste saisissant avec Tel Aviv. À Jérusalem, des vestiges vieux de deux mille ans côtoient des quartiers construits il y a moins de cinquante ans. Jusque dans ses moindres détails, la ville porte les traces de toutes les cultures qui s'y sont succédé.

Si Jérusalem est le centre politique, historique et religieux du pays, Tel Aviv est le pôle économique, la ville

bouillonnante, où les gens vivent vite et s'amusent. Les plus anciennes maisons de Tel Aviv datent seulement de la fin du XIXe siècle. Moderne et d'allure très européenne, avec ses boutiques à la mode et ses rues bien dessinées, Tel Aviv semble appartenir à un autre pays que Jérusalem. Même les gens sont trés différents.

À Jérusalem, la population est beaucoup plus pratiquante. Dans la Vieille Ville, en particulier, les hommes juifs portent dès leur plus jeune âge la *kippa*, une petite calotte fixée avec des pinces sur la tête : c'est une façon de se souvenir qu'il y a, au-dessus de leur tête, une réalité supérieure, qui est Dieu. Les juifs dits « ultra-orthodoxes » – qui suivent à la lettre les lois religieuses – ont de grands chapeaux noirs à large bord d'où émergent des tresses ou de longues boucles de cheveux torsadés ; leurs femmes cachent leurs cheveux sous un foulard, un chapeau ou même... une perruque.

Les juifs ultra-orthodoxes représentent 22 % de la population israélienne. Ils ne font pas leur service militaire (ils étudient les textes sacrés et considèrent que ce « service divin » est plus important que les autres), ne paient pas d'impôts et reçoivent une rente de l'État dès qu'ils ont des enfants. Cela coûte cher. Comme beaucoup d'Israéliens non pratiquants, les parents de Nava et de Rachel sont mécontents de payer des impôts pour subvenir aux besoins de gens qu'ils considèrent comme des parasites. Ils estiment qu'Israël doit rester un État non religieux et démocratique. Mais, depuis deux décennies, les gouvernements israéliens eux-mêmes font de plus en plus de concessions aux partis ultrareligieux et s'associent à eux au Parlement pour avoir plus de poids dans les décisions politiques. Pour faire voter une loi, il faut en effet avoir la majorité au Parlement ; certains partis font donc alliance pour associer leurs voix et obtenir la majorité, même s'ils ne sont pas d'accord dans d'autres domaines. On appelle cela une coalition politique.

La Terre sainte

La Vieille Ville offre une diversité religieuse unique.

Ici, les cloches des églises alternent avec l'appel à la prière des mosquées voisines, à deux pas d'une synagogue ou d'une *yeshiva*, une école d'étude de la Torah. En passant devant un des rares cafés Internet de la Vieille Ville, Nava ouvre de grands yeux : un homme barbu vêtu d'une soutane sombre, coiffé d'un foulard noir brodé de fils d'or et surmonté d'écouteurs, égrène son chapelet d'une main tout en pianotant de l'autre sur un clavier d'ordinateur ! C'est un maronite, un chrétien appartenant à une très ancienne Église orientale. Toutes les Églises chrétiennes sont ici représentées. Dans la Via Dolorosa, qui n'en finit pas de grimper, des pèlerins espagnols, russes ou philippins portent à plusieurs une immense croix, en suivant le chemin qui, selon la tradition, aurait été parcouru par Jésus entre sa condamnation à mort et sa crucifixion.

C'est en Palestine que sont nées deux des grandes religions monothéistes (celles qui ne reconnaissent qu'un seul Dieu) : le judaïsme et le christianisme. Jérusalem est aussi le troisième lieu saint de l'islam, après La Mecque et Médine. De fait, cette ville est trois fois sainte. Pendant des siècles, chrétiens et musulmans se sont disputé le territoire. La Palestine a été conquise en 640 par un des successeurs du prophète Mahomet. Mais le pape a lancé une guerre sainte en 1099 pour reprendre aux musulmans le tombeau présumé du Christ, à Jérusalem. À la question religieuse se mêlait la volonté de conquérir des terres fertiles et bien situées entre l'Orient et l'Occident. Chassés en 1291, les chrétiens ne sont revenus en Terre sainte qu'au milieu du XIXe siècle pour y construire quelques églises sur des terres que leur avait concédées l'Empire ottoman.

Le Kotel et l'esplanade des Mosquées

Même si sa famille n'est pas croyante, Nava est émue en approchant du mont Moriah.

Ce lieu est très important pour les juifs, mais aussi pour les chrétiens et les musulmans, car, d'après la Bible et le Coran, c'est là que leur ancêtre commun, Abraham, aurait accepté de sacrifier son fils à Dieu. C'est également sur ce lieu que le roi Salomon aurait construit un temple dédié à Dieu. Ce temple était le centre de la vie religieuse des Hébreux. Détruit par les Babyloniens en 587 avant notre ère, il fut reconstruit, puis à nouveau détruit par les Romains en 73 après J.-C. Du second temple, il ne reste aujourd'hui que le mur occidental, appelé en hébreu « Kotel ».

Des juifs du monde entier viennent là pour se recueillir, prier Dieu, lire la Torah ou célébrer les grandes fêtes. Ces prières s'accompagnant de murmures de joie, d'amour ou de tristesse, les chrétiens, par dérision, ont appelé le Kotel « mur des Lamentations ». On y reste et prie le temps qu'on veut. Les femmes et les hommes prient séparément, de chaque côté d'une palissade. À l'exemple de Rachel et d'autres fidèles, Nava glisse un petit papier plié dans un interstice entre deux pierres, pour y exprimer un vœu.

Des juifs ultra-orthodoxes veulent reconstruire le Temple, mais à son emplacement s'étend désormais l'esplanade des Mosquées (en arabe, al-Haram ash-Sharif, « le Noble Sanctuaire »). Sur cette grande terrasse de douze hectares plantée d'arbres se dressent le dôme du Rocher, datant du VIIe siècle, et la mosquée al-Aqsa (« la Lointaine »), le lieu où, selon la religion musulmane, le prophète Mahomet aurait été transporté depuis La Mecque par un messager de Dieu, le temps d'une nuit. Ces édifices témoignent d'une architecture et d'un passé religieux uniques. La moindre menace qui pèse sur eux fait immédiatement réagir la communauté musulmane.

La kashrout

À quelques dizaines de mètres du Kotel, Nava s'arrête devant un restaurant qui propose de la cuisine juive marocaine.

Il est fermé en raison de Soukkot, mais Nava est intriguée par un certificat placardé derrière la porte vitrée. Les restaurants qui utilisent des produits *kasher* (conformes à la *kashrout,* le code religieux de pureté alimentaire) sont contrôlés par le rabbinat d'État, l'instance religieuse qui, en Israël, effectue tous les actes civils (naissance, mariage, divorce, décès). Les restaurants qui respectent les règles religieuses ne servent que la viande des ruminants dont les sabots sont fendus (bœuf et mouton), jamais de lapin, de porc ou de cheval ; ils ne mélangent pas la viande avec un produit laitier. Ils achètent des bêtes abattues et vidées de leur sang par des sacrificateurs approuvés par le rabbinat.

Ces restaurants reçoivent une attestation de *kashrout,* qu'ils apposent fièrement dans la salle à l'attention de leur clientèle pratiquante. Un restaurant qui ouvre durant le shabbat, jour de repos hebdomadaire, se voit aussitôt retirer son certificat. À Tel Aviv, qui est une ville beaucoup moins religieuse que Jérusalem, Nava n'a rien vu de semblable. Dans sa famille, on ne respecte pas non plus la *kashrout*.

Le souk

La mère de Rachel emmène sa fille et Nava dans le souk arabe de la Vieille Ville qui, lui, n'est pas fermé.

Là, on trouve les tissus brodés et les bijoux d'Orient les plus fabuleux. Mais aussi, pêle-mêle, des souvenirs bon marché pour les pratiquants des trois religions : des *menorah* (le chandelier à sept branches) ou des étoiles de David pour les juifs, des chapelets, des croix et des images pieuses pour les chrétiens, ou encore des reproductions du dôme du Rocher, dont la coupole dorée domine le Vieux Jérusalem.

Depuis 1948, on distingue Jérusalem-Ouest, à majorité juive, de Jérusalem-Est, à majorité arabe. L'agglomération dans son ensemble, qui englobe de nombreux villages proches de la ville proprement dite, est gouvernée par un seul maire, israélien. Après avoir chassé la plupart des Palestiniens qui habitaient Jérusalem-Ouest avant 1948, le gouvernement israélien empiète régulièrement, depuis 1967, sur

Jérusalem-Est, confisquant des maisons ou des quartiers entiers pour y installer des Israéliens. La construction d'un mur dit de sécurité et un projet de tramway réservé aux Israéliens menacent aussi de nombreuses habitations palestiniennes. Alors que les Palestiniens revendiquent Jérusalem-Est comme la capitale de leur futur État, le gouvernement israélien veut constituer un « Grand Jérusalem », uniquement juif.

La Vieille Ville est une toute petite enclave à l'intérieur de Jérusalem-Est. Cette enclave est elle-même partagée entre différentes communautés religieuses, qui en possèdent chacune une partie : il existe ainsi un quartier chrétien orthodoxe, un quartier arménien, un quartier juif et un quartier musulman. La partie musulmane de la Vieille Ville est encore plus labyrinthique que les autres. Moins bien restaurée, car la municipalité israélienne accorde moins de crédits aux infrastructures des quartiers arabes, elle est pleine de charme et très animée. Rachel et Nava regardent surtout les bijoux, encouragées par les vendeurs qui les interpellent à chaque boutique. Ici, comme sur tous les marchés orientaux, on marchande pendant des heures : Nava tente de faire baisser le prix d'un collier bédouin, plus par jeu que pour le bijou lui-même. Rachel s'impatiente. Elle a faim ! Et puis son père et sa sœur les attendent à la maison.

Victime des attentats

Ça fait longtemps que Rachel n'est plus sortie ainsi pour se promener en ville.

Comme beaucoup d'Israéliens, les parents de Nava et de Rachel ne laissent pas leurs filles sortir seules de leur quartier, ou prendre le bus pour se rendre à l'école ou chez des amis. Le père de Rachel lui-même n'a pas pu se rendre au Kotel, car il souffre encore d'une blessure à la jambe, et sa fille aînée est restée avec lui pour lui tenir compagnie. Il y a trois mois, il a été blessé dans un attentat provoqué par un extrémiste palestinien et il a dû s'arrêter de travailler. C'est un coup terrible pour la famille. La mère de Rachel est musicienne et n'a pas de revenus réguliers. Or l'aide sociale a beaucoup diminué depuis quelques années : tout l'argent de l'État est consacré à l'occupation des Territoires palestiniens et à l'aide accordée aux nouveaux immigrants juifs. Quand ceux-ci arrivent en Israël, l'État leur procure un logement gratuit et une aide financière pendant les premiers mois, le temps qu'ils s'adaptent et apprennent l'hébreu.

Le budget que l'État consacre à l'armée est également colossal. De fait, les soldats israéliens ont des armes très perfectionnées et sont omniprésents, même et surtout dans les Territoires palestiniens. La plupart sont des jeunes qui font leur service militaire, comme Avital, la grande sœur de Rachel.

Soldate

Avital a vingt ans. Elle vient de terminer son service militaire obligatoire, qui a duré deux ans (il dure trois ans pour les garçons).

Hormis pour la durée du service, l'égalité entre les sexes est de mise : les soldates peuvent occuper des postes tout aussi dangereux que les soldats. Avital portait en permanence son uniforme kaki et son lourd fusil-mitrailleur, et ne rentrait de Gaza, où elle avait été affectée, qu'un week-end par mois. Ceux et celles qui ne veulent pas faire de service militaire peuvent le remplacer par le service national. Cette manière de servir la communauté en travaillant dans des associations ou des services publics est assez récente. Elle correspond aux désirs d'une nouvelle génération, pacifiste ou moins préoccupée par la défense de son pays.

Rachel a trouvé sa sœur changée depuis le service militaire et l'attentat qui a touché son père. Avital a vécu des moments difficiles, mais elle a aussi rencontré des Israéliens d'horizons très différents et est devenue plus engagée politiquement. En août 2005, elle faisait partie des troupes qui devaient évacuer les colons de Gaza.

Les colonies et l'évacuation de Gaza

Les colons sont des Juifs qui, avec l'aide et l'approbation des gouvernements israéliens successifs, ont construit au milieu des territoires de Cisjordanie et à Gaza des quartiers ou des villages fortifiés, protégés par les troupes israéliennes.

Cette situation a commencé après la guerre des Six Jours, en 1967. Les juifs ultrareligieux ont vu dans cette victoire éclair d'Israël la volonté de Dieu. De plus, les traités de paix qui avaient mis fin à la guerre donnaient à Israël la Cisjordanie, Gaza et Jérusalem-Est. Cette extension de territoire correspondait au « Grand Israël », c'est-à-dire à l'étendue de terre qu'avait – selon la Bible – le royaume d'Israël au temps du roi Salomon. Or, pour les religieux, la constitution du Grand Israël serait une des conditions de la venue du Messie, envoyé par Dieu pour y établir un royaume éternel et divin. Les Israéliens sionistes ont eux-mêmes été gagnés par cette volonté expansionniste. Les gouvernements successifs favorisèrent alors l'implantation de colonies dans les territoires nouvellement acquis, pour les vider peu à peu de toute présence palestinienne.

La situation dans les Territoires est devenue de plus en plus insoutenable. À Gaza, la tension entre Palestiniens et colons était encore plus vive qu'en Cisjordanie : confinés sur un tout petit territoire (plus d'un million de personnes sur 365 km^2, soit la densité la plus forte du monde), les Palestiniens ne disposaient que de 14 % des réserves d'eau, le reste revenant à quelque 12 000 colons juifs. De plus, 70 % des Palestiniens de Gaza vivent dans des camps de réfugiés. Les enfants des colons, eux, ont grandi dans un milieu très religieux et très nationaliste, anti-arabe.

En août 2005, pourtant, sous la pression des États-Unis, le Premier ministre Ariel Sharon a ordonné le démantèlement des vingt et une colonies de la bande de Gaza. Jusqu'à la dernière minute, les colons n'ont pas cru que le gouvernement les évacuerait. Et, quand Avital et les autres soldats les ont obligés à partir, les colons les ont insultés. Une fille un peu plus jeune qu'Avital lui a lancé : « Comment toi, qui es juive, tu peux chasser des Juifs de leur terre ? Vous, les soldats, vous êtes des traîtres ! » Avital n'a pas pu s'empêcher de répondre : « Je ne fais qu'obéir aux ordres et je n'ai pas le temps de discuter avec toi. Mais si tu veux, donne-moi ton adresse e-mail, et on essaie de se revoir après. » La jeune fille a accepté. Tout comme Avital, elle avait envie de comprendre.

Quelques semaines plus tard, après avoir quitté son uniforme, Avital a écrit à Eynat, la jeune fille de Gaza. Comme la plupart des colons de Gaza, Eynat a été transférée sur d'autres terres palestiniennes, en Cisjordanie, non loin de Jérusalem. Depuis l'évacuation, toutefois, la bande de Gaza est plus que jamais sous contrôle israélien : elle est survolée par des avions israéliens qui bombardent et terrorisent la population palestinienne. Pourtant, elle pourrait devenir un grand port sur la Méditerranée et offrir une meilleure vie à ses habitants, qui sont très pauvres.

La rencontre

Avital et Eynat ont décidé d'organiser une rencontre en amenant chacune une dizaine d'amies.

Avital est revenue déstabilisée de cette réunion. Les deux groupes de jeunes filles appartiennent à des univers différents et ne partagent pas du tout la même vision d'Israël. Les colons sont en général ultrareligieux : selon eux, la terre d'Israël appartient aux Juifs, car c'est Dieu qui la leur a donnée. Ils ne reconnaissent pas aux Palestiniens le droit de rester sur leurs territoires ; ils ne tiennent pas compte du fait que les Palestiniens ont vécu ici pendant des siècles et y ont développé une culture originale ; pour les colons, les Palestiniens sont des Arabes, qui pourraient vivre dans n'importe quel pays arabe et n'ont donc rien à faire dans le « Grand Israël ».

Avital, qui, comme ses amies, n'est pas pratiquante et plutôt de gauche, a eu du mal à faire entendre un autre point de vue. De retour chez elle, elle a fait part de son trouble à ses parents, puis à Rachel, qu'elle essaie déjà de sensibiliser à la situation politique du pays.
« Tu comprends, dit-elle, on ne peut pas considérer la Bible comme un document historique à prendre au pied de la lettre. Même lorsque la Bible

Dieu montre la Terre Promise à Moïse.

fait référence à des événements historiques, il faut garder à l'esprit que ces événements sont racontés plusieurs siècles après... La mémoire d'un peuple, comme celle d'un individu, transforme et embellit toujours le souvenir d'un épisode lointain.

– Et tu as réussi à leur dire tout ça ? demande Rachel.

– Pas vraiment ! Les ultrareligieux pensent que leur religion est la seule véritable et qu'elle est au-dessus de toute réalité historique ou politique. Ça leur évite de se poser trop de questions. Par exemple, à qui appartient cette terre ? À ceux qui y ont vécu les premiers, les Juifs, ou à ceux qui y ont vécu pendant des siècles, les Palestiniens ? Si les Amérindiens voulaient chasser les Américains de leur territoire sous prétexte que c'est leur terre d'origine, leur donnerait-on raison ? La seule solution est de respecter les traités internationaux. L'État d'Israël a pu voir le jour grâce à l'ONU, il doit donc respecter les accords de l'ONU : que chaque communauté puisse vivre dans la paix et la dignité sur les territoires qui avaient été prévus par les accords d'Oslo. »

Nasser vit en Cisjordanie

Nasser vit près de Bethléem, dans le sud de la Cisjordanie, en territoire palestinien, à 7 kilomètres de Jérusalem. Malgré ses treize ans, il est de petite taille, avec des yeux vert foncé très brillants, surtout quand il se met en colère. Aujourd'hui, son regard est voilé. Dans la nuit, des soldats israéliens ont attaqué la partie du camp de réfugiés d'Ayda où il vit avec sa famille. À l'école, ce matin, il n'a pas réussi à se concentrer. Il rêve de quitter le camp, de vivre dans le village dont sa grand-mère lui parle si souvent, Al-Qabu, qui se dressait sur une colline à 10 kilomètres de Bethléem.

Les camps de réfugiés

En mars 1948, quand sa grand-mère avait dix ans, des avions israéliens ont lancé des tracts sur les localités qu'ils allaient occuper.

Ces tracts ordonnaient aux populations palestiniennes de fuir dans les trois jours. Celles qui resteraient au-delà de ce délai seraient abattues. Certains villageois ont pu quitter le pays, mais la plupart, comme la grand-mère de Nasser, se sont réfugiés dans des camps installés par l'UNRWA (l'Agence des réfugiés de l'ONU, créée en décembre 1948) en Cisjordanie, à Gaza ou dans les pays arabes voisins (Liban, Jordanie, Syrie). Quatre cent dix-huit villages ont disparu de la carte, détruits ; certaines villes très importantes sur les plans économique, intellectuel ou artistique (comme Haïfa, Jaffa ou Tibériade) ont été vidées de leurs habitants palestiniens pour être transformées en villes israéliennes.

Comme presque tous les descendants de réfugiés, Nasser vit toujours dans le camp. Sa famille n'a pas le droit de revenir sur les lieux de son ancien village et n'a pas d'argent pour acheter une autre terre. En 1999, 2,4 millions de réfugiés vivaient à l'étranger, et 1,4 million dans les Territoires palestiniens (Cisjordanie et à Gaza). Certains camps rassemblent plus de 100 000 habitants.

La grand-mère de Nasser lui a raconté comment elle a vécu sous des tentes durant les sept premières années. Puis l'UNRWA a financé la construction de petites maisons en dur d'une pièce, avec les toilettes à l'extérieur. Par la suite, les familles qui s'agrandissaient ont construit des maisons plus vastes, ajoutant un étage, puis un deuxième. Mais la superficie des camps, elle, n'a pas changé. Celui de Nasser, situé à 1,5 kilomètre du centre de Bethléem, abrite 4 250 personnes dans un rectangle de 350 sur 250 mètres. La moitié de la population a moins de dix-huit ans et 60 % de la population active est sans emploi. Nasser habite dans une des maisons les plus récentes, non loin de l'école de filles. Il n'aime pas regarder le mur de l'école en passant. Toutes les fenêtres ont été bouchées après le décès d'un enseignant, tué de plusieurs balles israéliennes en 2002.

À première vue, rien ne différencie le camp d'Ayda d'une quelconque petite ville palestinienne. Mais, quand on y prête davantage attention, on s'aperçoit qu'il n'y a rien en dehors des maisons et de l'école, pas de terrains de jeu, pas de lieux culturels, pas de restaurants ni de cafés, très peu de magasins ou d'endroits où l'on peut se retrouver. Ce qui fait aussi la différence entre les camps de réfugiés et les villes, c'est la fréquence des incursions des soldats israéliens depuis la deuxième *Intifada*.

La première Intifada

Intifada est un mot arabe signifiant « soulèvement ».

La première *Intifada* a commencé le 9 décembre 1987 : la population palestinienne de Cisjordanie, de Gaza et de Jérusalem-Est s'est soulevée contre l'occupation israélienne, qui s'accompagnait de bannissements, de confiscations de terres et de violences impunies. Encouragés par les mouvements de résistance palestiniens comme l'OLP (Organisation de libération de la Palestine), hommes, femmes et enfants se sont mis à jeter des pierres sur tout ce qui ressemblait à un soldat israélien.

Les parents de Nasser et d'autres membres de sa famille ont participé à l'*Intifada*, soit en refusant de payer les taxes ou en boycottant les produits israéliens, soit en se confrontant plus directement avec des soldats et des colons. Ahmed, le père de Nasser, et sa sœur aînée ont passé plusieurs années en prison. Les soldats israéliens les ont torturés pour savoir s'ils appartenaient à des organisations palestiniennes clandestines et ont détruit leur maison dans le camp.
La mère de Nasser a créé un comité d'action pour aider les femmes dont les maris étaient en prison. Laissant ses deux plus jeunes fils à la garde de leur grand-mère, elle allait dans les villages alentour inciter les femmes à s'organiser pour développer le commerce de la broderie, un artisanat traditionnel en Palestine.

Nasser est né après les accords d'Oslo, en 1993. Ses parents étaient alors pleins d'espoir. Le Premier ministre israélien de l'époque, Yitzhak Rabin, avait accepté de rencontrer Yasser Arafat, le chef de l'OLP, considéré à l'époque comme

le leader du peuple palestinien. Selon ces accords, Israël acceptait de libérer les territoires palestiniens de Cisjordanie et de Gaza, et permettait la naissance d'une « Autorité palestinienne », première étape de la création d'un État palestinien indépendant. En échange, les Palestiniens devaient cesser l'*Intifada*. L'espoir était immense : du côté des Palestiniens, bien sûr, mais aussi du côté des Israéliens qui souhaitaient la paix.

Les parents de Nasser ont commencé à douter en voyant se multiplier les colonies, illégales, à Jérusalem-Est et en Cisjordanie. Puis, en novembre 1995, Yitzhak Rabin a été assassiné par un extrémiste religieux juif, qui l'accusait de trahir Israël en restituant des territoires aux Palestiniens. Son successeur Shimon Peres a fait assassiner en 1996 un responsable du Hamas, un groupe militaro-religieux palestinien. Le Hamas a répliqué par une série d'attaques. Plusieurs de ses membres se sont fait exploser au milieu de civils israéliens, faisant de nombreuses victimes. C'étaient les premiers attentats d'une longue série : considérant les accords de paix successifs comme des tromperies ou de belles paroles jamais respectées, des extrémistes palestiniens ont commis d'autres attentats-suicides. Ils appartenaient à différents groupes radicaux qui reprochaient à l'Autorité palestinienne sa passivité face à la colonisation et aux intrusions militaires d'Israël dans les Territoires palestiniens.

La seconde Intifada

Nasser avait sept ans au moment où a été déclenchée la seconde *Intifada*, qui dure toujours.

Il se souvient de la colère de ses parents, le 28 septembre 2000, en voyant à la télévision Ariel Sharon, alors chef du Likoud, le parti de droite israélien, pénétrer sur l'esplanade des Mosquées accompagné de centaines de soldats. « Il vient en propriétaire ! s'est écrié Ahmed. Bientôt il va raser les mosquées et chasser tous les Palestiniens de Jérusalem-Est ! »

La guerre des pierres a recommencé aussitôt dans les Territoires palestiniens. Cette fois, l'État israélien a riposté beaucoup plus violemment qu'en 1988 : dès la première semaine, plusieurs Palestiniens ont été tués par l'armée. Dans de nombreuses villes d'Israël, des Arabes israéliens ont organisé une grève générale et des manifestations en signe de solidarité avec les Palestiniens des Territoires occupés. Mais la police a tiré sur la foule, faisant des morts et de nombreux blessés graves.

Comme lors de la première *Intifada*, l'armée israélienne utilise les chars et bombarde les lieux où sont censés se tenir des membres de groupes extrémistes, tuant de nombreux civils. Surtout, les soldats reçoivent du gouvernement l'ordre de « tirer pour tuer » et non pas pour se défendre, comme lors de la première *Intifada*.

Malgré leur colère, Ahmed et sa femme n'ont pas voulu participer à cette *Intifada*. D'abord, ils ne sont plus tout jeunes.

Ensuite, alors que, durant la première *Intifada*, la mobilisation était générale, depuis 2000 ce sont des groupes plus isolés et mieux armés qui dirigent les opérations. Mais, face à Israël, qui possède la cinquième armée du monde, Ahmed juge cette action dérisoire et dangereuse, car elle permet à Israël de riposter en réprimant une population palestinienne impuissante. Et il en a assez de voir les médias internationaux présenter tous les Palestiniens comme des terroristes et des islamistes. En effet, en janvier 2006, les Palestiniens ont massivement voté pour des représentants du Hamas, car ils jugeaient les dirigeants politiques au pouvoir incompétents et corrompus. Mais depuis, la situation a encore empiré : il y a eu de violents combats entre partisans du Hamas et partisans du Fatah, un parti plus modéré, auquel appartient Mahmoud Abbas, le président actuel de l'Autorité palestinienne. Ces affrontements ont fait plusieurs morts à Gaza, où le Hamas est très bien implanté.

Le mur de l'apartheid

À la fin de l'année 2002, Nasser a vu arriver dans sa classe des garçons dont les familles avaient été chassées des villages environnants.

L'un d'eux, Nour, semblait encore plus affecté que les autres. Nasser a décidé d'en faire son ami. Nour lui a raconté le jour de novembre 2002 où sa maison, son village, son champ d'oliviers, tout ce qu'il aimait a été détruit par l'armée israélienne. À la place se dresse aujourd'hui un mur de béton de 8 mètres de haut, tellement long qu'on ne peut en imaginer la fin. Nour a vu les champs d'oliviers rasés, les paysans isolés de leurs puits et donc dans l'incapacité de cultiver leurs terres, les familles sans ressources, ayant à peine de quoi nourrir leurs enfants. Nasser sait de quoi parle son ami : à 20 mètres seulement de sa maison, qui est à la limite du camp, se dresse le même mur. Avant sa construction, Nasser allait jouer avec ses copains ou se reposer avec sa famille à l'ombre des oliviers d'un grand champ voisin. Maintenant, ce champ est inaccessible.

La construction du mur dit « de sécurité », pour séparer Israël des Territoires palestiniens, a été décidée en juin 2002 par Ariel Sharon, devenu Premier ministre. Cela ne signifiait pas que chaque communauté vivrait tranquillement de son côté du mur : celui-ci devait empêcher les Palestiniens de se rendre en Israël, pas l'inverse. Les soldats et les colonies israéliennes se sont multipliés en Palestine ; des pans de mur entiers ont même été construits à l'intérieur du territoire palestinien pour protéger ces implantations. L'État a accéléré la construction de routes reliant directement les colonies à Israël. Ces routes sont gardées et interdites aux Palestiniens. Le 9 septembre 2004, la Cour internationale de justice de La Haye a déclaré le mur illégal, mais rien n'a empêché sa progression. En 2005, il était long de 200 kilomètres (sur 700 prévus).

Pour terroriser la population et briser toute résistance face à la construction du mur, l'armée a attaqué le camp de Nasser à plusieurs reprises, et continue ses incursions nuit et jour. Lors de la première invasion, en 2002, une quinzaine d'habitants du camp ont été tués. En mars 2005, des soldats sont venus de nuit pour arrêter le frère aîné de Nasser, sans raison. C'est depuis ce jour que Nasser a du mal à trouver le sommeil et à travailler en classe.

À l'école du camp

Dans les camps de réfugiés, l'école est organisée par l'UNRWA. Mais les programmes sont établis par l'Autorité palestinienne.

Avant 1994, les petits Palestiniens se servaient de manuels étrangers : quand ils étaient enfants, les parents de Nasser avaient des manuels jordaniens, à Gaza on utilisait des manuels égyptiens. Les Palestiniens qui vivent en Israël, eux, adoptent les programmes israéliens. En suivant des programmes scolaires différents, les élèves n'étudient pas toujours les mêmes matières, et le contenu des matières diffère. Nasser a commencé à apprendre l'anglais à six ans, mais il a peu progressé.

Il faut dire que les classes sont surchargées. Comme dans la plupart des pays arabes, elles ne sont pas mixtes et l'ambiance entre garçons est parfois rude. Mais aussi, en raison des couvre-feux imposés par les soldats israéliens depuis 2002, l'école a dû fermer plusieurs fois pour des durées allant jusqu'à trois mois.

Nasser rêve d'un falafel

Pendant le ramadan, les élèves n'ont plus que cinq heures de cours par jour, une heure de moins que d'ordinaire, parce que tout le monde est très fatigué durant cette période.

Le ramadan est l'une des cinq obligations religieuses que tout musulman doit respecter. Pendant les vingt-huit jours du mois de ramadan, on ne doit ni boire ni manger entre le lever et le coucher du soleil. C'est une manière de montrer à Dieu que l'on est capable de contrôler ses désirs et ses besoins pour lui plaire. Dès que le soleil est couché, on se rattrape : on se retrouve en famille ou entre amis autour d'un bon repas, que l'on apprécie comme le meilleur des festins. Comme le calendrier religieux suit les cycles de la Lune et non le cycle solaire, chaque année, le mois de ramadan est décalé de dix jours par rapport à l'année précédente. En été, où les journées sont brûlantes et longues, ce régime est très éprouvant. Heureusement, cette année, le ramadan a lieu en automne : la nuit tombe à 17 heures.

Les parents de Nasser n'obligent pas leurs enfants à observer le ramadan, mais Nasser est fier de le faire. Il veut se montrer aussi courageux que ses grands frères. Ce matin, pourtant, il s'est levé affamé, malgré le repas copieux qu'il a pris à 4 heures 30 du matin, juste avant le lever du soleil. Si seulement il pouvait manger un falafel tout chaud, rien qu'un, ou tremper un bout de pain au sésame dans un peu d'huile d'olive ou de *zaater* moulue ! Le goût acre de la *zaater*, une plante des montagnes aux petites feuilles vert pâle, est atténué par les graines de sésame.

On en fait aussi des gâteaux. Le falafel, cette boulette frite à base de pois chiches, de lentilles vertes, d'oignons, d'ail et de levure mixés ensemble, que l'on mange seule ou dans un pain rond et plat, est bien palestinien, même si on en consomme aussi en Israël ou en Égypte.

Un parcours d'obstacles

Un matin, Nasser accompagne son père, Ahmed, à Ramallah, pour obtenir le remboursement d'une opération qu'a dû subir sa grand-mère.

Il sait que le voyage sera long et difficile, même si la distance entre Ayda et Ramallah n'est que d'une quarantaine de kilomètres. Depuis le début de la seconde *Intifada*, les Palestiniens de Cisjordanie et de Gaza n'ont pas le droit de passer par le territoire israélien, sauf permission spéciale, qui est rarement accordée. Ils peuvent voyager dans le monde entier sauf... en Israël. Mais il leur devient aussi très difficile de circuler dans leur propre région car les routes sont coupées par des *check points*, c'est-à-dire des points de contrôle gardés par des soldats israéliens. Parfois les soldats ne laissent pas passer les voyageurs ou les obligent à faire un long détour pour qu'ils ne roulent pas en même temps que des véhicules israéliens.

Ahmed et Nasser montent dans un minibus qui les conduit jusqu'au premier *check point*. Là, ils descendent, traversent un terrain vague semé de barbelés et d'ordures, avec quelques petits étals qui vendent du thé ou des fruits. Puis ils se joignent aux Palestiniens agglutinés dans le couloir d'attente. Pour ne pas faire sonner le détecteur de métaux, ils doivent enlever porte-monnaie, ceinture, jusqu'à leurs chaussures, qu'ils glissent sur un tapis roulant et récupèrent ensuite, comme dans les aéroports. S'ils réussissent à franchir le *check point*, ils prennent un nouveau bus jusqu'au suivant.

Il y a quatre *check points* permanents entre Bethléem et Ramallah. Mais les minibus peuvent encore se faire arrêter et contrôler entre deux *check points*. La veille de shabbat ou des fêtes juives, les contrôles se multiplient, parce que les attentats sont censés être plus nombreux à ces moments-là.

La raison officielle de ces barrages est la sécurité. L'État israélien veut empêcher les membres de groupes terroristes de tenter une action violente. Mais il s'agit aussi d'humilier la population et de briser toute capacité de résistance. La dernière fois que Nasser a voulu se rendre à Bethléem, il a vu une femme se faire refouler d'un *check point* improvisé alors qu'elle allait accoucher à l'hôpital. Par la suite, il a appris que cette femme avait perdu son enfant car elle avait dû accoucher dans la voiture sans pouvoir donner les soins nécessaires au nouveau-né. Sur tout le territoire de Cisjordanie et de Gaza, certains écoliers mettent deux heures pour rejoindre leur école qui n'est parfois qu'à 3 kilomètres parce que les routes sont coupées par un *check point* ou par le mur, et qu'il leur faut faire un long détour.

Les volontaires

Parfois, le camp reçoit des groupes de « volontaires », des étrangers qui viennent partager la vie des Palestiniens pendant quelques jours.

Nasser a remarqué dans le dernier groupe un homme qui jouait de la flûte. Il est intrigué car cet homme ressemble à un Palestinien, mais il parle arabe avec un drôle d'accent. Nasser lui demande d'où il vient.
« D'Israël, dit l'homme. Je suis juif. »
Nasser reste un moment interdit :
« Tu plaisantes !
– Non, non, je suis juif ! »
Nasser est inquiet. Il tourne autour de l'homme en continuant à l'interroger :
« Si tu es juif, où as-tu caché ton fusil ? C'est ton sac, là ? »

Nasser ouvre le gros sac à dos rouge que l'homme a posé à terre contre un mur. Ne trouvant que des vêtements, il reste sceptique. Les seuls Israéliens qu'il ait jamais rencontrés jusque-là étaient des soldats ou des colons, armés jusqu'aux dents. Il ne peut pas imaginer qu'un Israélien puisse venir dans le camp avec des intentions pacifiques. Il se tourne vers Nidal, un adulte qui s'occupe de l'accueil des volontaires : « Qu'est-ce qu'il fait ici ? » lui demande-t-il.

Certains Israéliens souhaitent que la situation change dans leur pays.

Le mouvement Peace Now *souhaite la reconnaissance de l'État palestinien, à côté de l'État israélien.*

Nidal lui explique que certains Israéliens sont contre l'occupation des Territoires palestiniens. Lors de la construction du mur, il a vu des militants pacifistes israéliens se mêler à la population palestinienne pour bloquer les bulldozers. Certains ont même été blessés et asphyxiés par les bombes lacrymogènes lancées par les soldats israéliens. Des femmes israéliennes se sont associées pour surveiller les *check points*. Si un soldat se conduit de façon cruelle, elles établissent un rapport et le soldat est muté.
Mais Nasser n'est pas convaincu. Il demande au visiteur :
« Si tu veux vraiment nous aider, comment ça se fait que tout va de plus en plus mal pour nous ? »
Le visiteur soupire :
« Pour l'instant, nous ne sommes pas assez nombreux. La plupart des Israéliens ne savent pas ou ne veulent pas savoir ce qu'il se passe ici. Ou ils préfèrent croire les grands médias israéliens qui présentent tous les Palestiniens comme des terroristes. Et depuis la seconde *Intifada*, les Israéliens ne peuvent pas se rendre seuls dans les Territoires palestiniens sous prétexte que c'est dangereux. Les pacifistes doivent s'affilier à des associations suffisamment organisées pour déjouer les interdictions. »

Le Lajee Center et le droit des réfugiés

Depuis un an, Nasser fréquente le Lajee Center (*lajee* signifie « réfugié » en arabe), une organisation non gouvernementale palestinienne destinée aux jeunes du camp.

Fondé à l'initiative de certains habitants du camp, le centre propose différents ateliers : danse traditionnelle *dabka*, informatique, peinture, photo, lecture… Nasser a même participé à de petites excursions. Il en parle souvent et attend la prochaine avec impatience. C'est tellement bon de quitter le camp, même pour deux jours, et de découvrir un peu son propre pays !
Les organisateurs du centre donnent aussi aux jeunes les outils pour qu'ils comprennent ce qu'ils vivent, se forgent leur propre opinion en dehors des courants politiques, et apprennent à défendre leurs droits comme réfugiés.

Le premier droit que revendiquent les réfugiés est celui de revenir sur la terre dont leurs grands-parents ont été chassés. Bercé par les souvenirs de sa grand-mère, Nasser rêve de pouvoir quitter le camp, de reconstruire le village, avec ses puits et ses maisons en pierre, de replanter des oliviers ! Le droit au retour a d'ailleurs été voté par l'ONU (c'est la « résolution 194 ») en décembre 1948, après l'expulsion de 800 000 Palestiniens par les Israéliens. En effet, l'ONU, qui avait voté la partition de la Palestine, ne s'attendait pas à ce que les choses se passent ainsi. La résolution 194 dit donc que tout Palestinien a le droit au retour et qu'il sera indemnisé financièrement dans le cas où il ne voudrait pas exercer son droit. Elle concerne les Palestiniens qui ont été chassés de leurs maisons en 1948 et dont les descendants vivent actuellement dans des camps de réfugiés, soit en Cisjordanie ou à Gaza, soit dans des pays voisins. Elle concerne également les Palestiniens qui ont été chassés en 1967 après la guerre des Six Jours.

Le plan de partage de 1947.

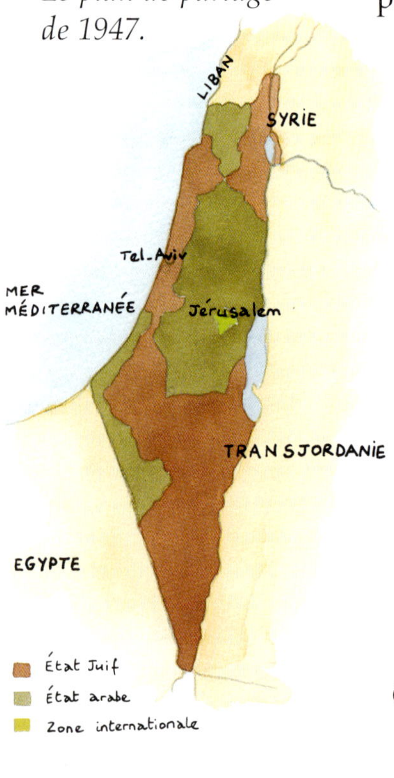

En mai 1948, les Palestiniens sont chassés de chez eux.

Les gouvernements israéliens refusent de reconnaître ce droit : d'abord, parce que ce serait admettre qu'Israël s'est construit sur l'expulsion illégale de centaines de milliers de gens. Ensuite, parce que les descendants des Palestiniens étaient environ 3,8 millions en 1999. Si ce droit était reconnu et appliqué, des centaines de milliers de Palestiniens pourraient s'installer en Israël. Mais les lieux dont ils ont été chassés sont à présent occupés par des Israéliens. Et la population israélienne a peur de se retrouver minoritaire avec cette arrivée massive de Palestiniens. Les gouvernements israéliens ont donc proposé d'indemniser les réfugiés, mais les responsables palestiniens veulent d'abord que, par principe, ce droit au retour soit reconnu par Israël, avant de négocier quoi que ce soit.

Selon certaines estimations, seulement 150 000 ou 200 000 Palestiniens souhaiteraient retourner sur les terres qui leur ont été volées. En effet, après soixante années de conflit, les Palestiniens réfugiés n'ont pas envie de vivre au milieu de citoyens israéliens.
Reste la possibilité de créer un État mixte où Juifs et Palestiniens vivraient ensemble. Mais, pour l'instant, le dialogue semble difficile entre les populations et impossible entre les dirigeants.

Crédits photographiques :

p. 5 © Peter Turnley/Corbis
p. 7 © Akg-images
p. 8 © David Turnley/Corbis
p. 9 © Richard T. Nowitz/Corbis
p. 11 D.R.
p. 12 © Hulton-Deutsch Collection/Corbis
p. 16/17 © Pierre Perrin/Sygma/Corbis
p. 21 © David H. Wells/Corbis
p. 24 © Ricki Rosen/Corbis
p. 27 © Shaul Schwarz/Getty Images/AFP
p. 29 © Akg-images
p. 31 D.R.
p. 32 © Bruno Fert/Corbis
p. 34 © Reuters/Corbis
p. 37 © Reinhard Krause/Reuters/Corbis
p. 41 © Reuters/Corbis
p. 42/43 © David Turnley/Corbis
p. 45 © Kern Paul/Corbis Sygma
p. 47 © Bettmann/Corbis

Réimprimé en mai 2008

chez POLLINA - n° L47127

Dépôt légal : octobre 2006
ISBN : 978-2-7324-3460-5

Conforme à la loi n° 49-956 du 16 juillet 1949
sur les publications destinées à la jeunesse

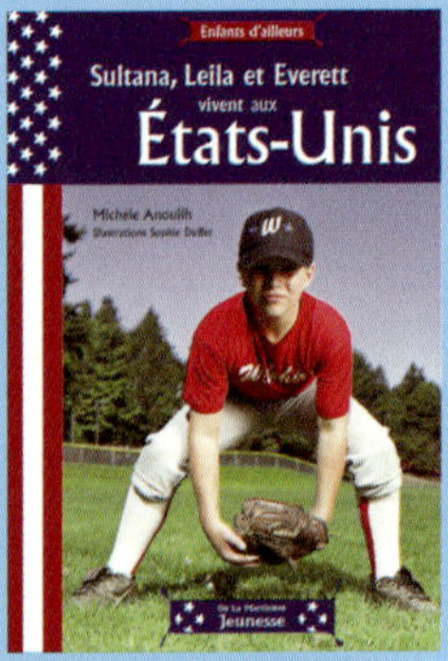
Enfants d'ailleurs
Sultana, Leila et Everett
vivent aux
États-Unis

Enfants d'ailleurs
Kathryn, Sébastien et Virginie
vivent au
Canada

Enfants d'ailleurs
João, Flávia et Marcos
vivent au
Brésil

Enfants d'ailleurs
N'Deye, Oury et Jean-Pierre
vivent au
Sénégal

Enfants d'ailleurs
Anna, Kevin et Nomzipo
vivent en

Enfants d'ailleurs
Aoki, Hayo et Kenji
vivent au
Japon

Enfants d'ailleurs
Ahmed, Dewi et Wayan
vivent en
Indonésie

Enfants d'ailleurs
Sacha, Andreï et Turar
vivent en
Russie

Enfants d'ailleurs
Joumana, Omar et Alia
vivent au
Liban

Enfants d'ailleurs
Rigoberta, Juan et Marta
vivent au